Getting to Know Word Orde[illegible] German

M E Mountjoy
Illustrated by Bill Plumb

Edward Arnold

First published in Great Britain 1985 by
Edward Arnold (Publishers) Ltd, 41 Bedford Square, London WC1B 3DQ

Edward Arnold (Australia) Pty Ltd, 80 Waverley Road, Caulfield East,
Victoria 3145, Australia

British Cataloguing in Publication Data
Mountjoy, Margaret Eva
Getting to know word order in German.
1. German language — Vocabulary
I. Title
435 PF 3390

ISBN 0-7131-7311-4

Text set in 10/11pt IBM Century
by The Castlefield Press of Moulton, Northants.
Printed in Great Britain by
Thomson Litho Ltd, East Kilbride, Scotland

Contents

Preface

This book gives simple explanations and extensive practice in the order of words in German sentences.

The exercises are designed to give abundant rapid practice in the points made. The marking of them is speedy and uncomplicated.

They enable teachers to:

a) choose those best suited to their particular needs.
b) cater for mixed ability classes.
c) allow the book to be used in classes of different levels of attainment.

Emphasis is placed on areas known to cause difficulty at an early stage.

It is intended that much of the work should be done at home, with the objective tests checked in school in the minimum of time. This will enable teachers to set valuable reinforcing homework with little loss of class contact time, where the demands of aural and oral work are considerable.

For those whose limited budgets make them reluctant to allow relatively large and costly course books off the premises, this smaller and practical publication may be of economical help in a supplementary capacity.

It is hoped that the humorous approach of many of the exercises will instil sound basic grammar in the liveliest possible way.

1
Introduction

To some it comes as a slight shock that the order or words in a foreign language may be different from the usual order in English.

Here are some extracts from the everyday scene in Germany:

1 Ice Tea, kühl servieren
2 Selber tanken, an der Kasse bezahlen
3 Hunde an der Leine führen
4 Rechts fahren
5 Selber tanken, billiger tanken
6 Partner sein, sicher sein

In English we might have said:

A Iced tea, serve chilled
B Self service, pay at the desk
C Dogs to be kept on a lead
D Drive on the right
E Self service is cheaper.
F Co-operation makes for safety.

Exercise A

Match for meaning the letters with the numbers

1	führen	A	to drive
2	bezahlen	B	to serve
3	sein	C	to pay
4	tanken	D	to lead
5	fahren	E	to be
6	servieren	F	to fill up

Advertisements and notices do tend to be rather tricky. Simple sentences are more straightforward:

Hans spielt Fußball. Hans is playing football.
Meine Schwester kauft ein Kleid. My sister is buying a dress.

Just the order normally used in English, with the verb in second place. But in German that verb keeps to *second place* even if the sentence becomes longer:

'Today Hans *is playing* football' becomes 'Heute *spielt* Hans Fußball'.
'Now my sister *is buying* a dress': Jetzt *kauft* meine Schwester ein Kleid.

Exercise B

Part 1

Choose from the help given to write in German:

1 My friend is coming with us.
2 We are going to Italy.
3 He is drinking a glass of beer.
4 Dieter and Klaus are buying presents.
5 My parents are flying to Cologne.
6 The student is looking for a room.
7 My uncle is ill.
8 They are playing tennis.
9 Sabine is writing to her parents.
10 A policeman stood in front of the car.

	Verb	
Dieter und Klaus	sucht	ein Zimmer
Der Student	kaufen	nach Köln.
Meine Eltern	fahren	mit.
Wir	schreibt	an ihre Eltern.
Sabine	kommt	ein Glas Bier.
Mein Onkel	stand	vor dem Wagen.
Ein Polizist	spielen	Tennis.
Sie	trinkt	krank.
Mein Freund	fliegen	nach Italien.
Er	ist	Geschenke.

Part 2

Keeping the verb in *second place*, begin your sentences with the following words. The previous first column will now come *immediately* after the verb.

1 Today/Heute . . .
2 Monday/Montag . . .
3 Every day/Jeden Tag . . .
4 Perhaps/Vielleicht . . .
5 Next week/Nächste Woche . . .
6 At first/Zuerst . . .
7 Probably/Wahrscheinlich . . .
8 Later/Später . . .
9 Immediately/Sofort . . .
10 Suddenly/Plötzlich . . .

The first place in the sentence may be occupied by quite a long group of words. If instead of *today* we say *today the 19th of July and the first day of the holidays*, it is still *today*. This idea or sense-group keeps together, with the main verb in second place.

Heute, am neunzehnten Juli und am ersten Tag der Ferien, *fahren* wir nach Italien.

"Why change the order anyway?" you may ask. Well, it makes for variety and adds emphasis where desired. To say: 'She has a new boy friend every week', may sound flatter than the occasion demands, but '*Jede Woche* hat sie einen neuen Freund', adds a little sensation, and '*Einen neuen Freund* hat sie jede Woche', puts a bit of feeling in the remark too.

The subject keeps close to the main verb, either before or after it.

There are many reasons for beginning the sentence with something other than the subject. In songs it may sound more melodious that way, for example, Die Antwort kennt nur der Wind (Blowing in the Wind).

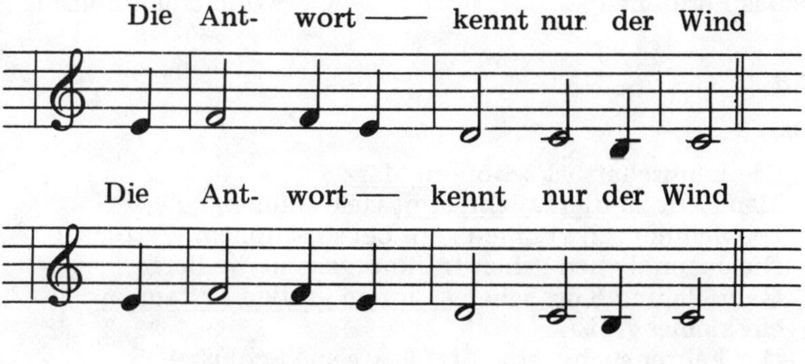

The main verb comes in second place and the subject close after it, so that's fine.

Exercise C

Part 1

Rearrange the following sentences so that the words underlined come at the beginning.
Example:

Die Weltmeisterschaft beginnt um 10 Uhr im Fernsehen.
Um 10 Uhr beginnt die Weltmeisterschaft im Fernsehen.

1 Die zwei Freunde sitzen an einem Ecktisch.
2 Sie nehmen als Nachspeise ein Eis mit Erdbeeren.
3 Der Kellner bringt den Schülern einen großen Teller.
4 Die Touristen machen am folgenden Tag einen Ausflug.
5 Sabine und Max spielen zusammen während der Pause.
6 Viele Flüchtlinge kommen aus den armen Ländern.
7 Diese armen Leute fahren zum ersten Mal in die Städte.
8 Die Fahrt von den Dörfen in die Städte dauert drei Tage.
9 Dieter fährt zum zweiten Mal nach Berlin.
10 Ein großer Kuchen steht auf dem Tisch.

Part 2

Match for meaning the letters with the numbers.

1	am folgenden Tag	A	many refugees
2	an einem Ecktisch	B	for dessert
3	als Nachspeise	C	for the second time
4	während der Pause	D	ice with strawberries
5	viele Flüchtlinge	E	during the break
6	zum zweiten Mal	F	together
7	Eis mit Erdbeeren	G	on the following day
8	zusammen	H	television
9	die Weltmeisterschaft	J	at a corner table
10	das Fernsehen	K	world championship

Part 3

As part 1.

1 Die Landschaft ist schön im März.
2 Man sieht zu dieser Jahreszeit viele Blumen.
3 Die Schüler schwimmen gern bei so schönem Wetter.
4 Die Jugendlichen gehen frühmorgens in die Berge.
5 Gabriela und Kurt sehen zu ihrem großen Erstaunen ein kleines Auto.
6 Der Fahrer sucht sehr sorgfältig seine Schlüssel.
7 Die Gruppe macht dann und wann einen Ausflug.
8 Der Bauer bringt jeden Tag die Milch.
9 Am Bahnhof warten die Passagiere zwei Stunden lang.
10 Der Pilot landet nach kurzer Zeit auf dem Flughafen.

Part 4

As Part 2.

1	im März	A	when the weather is so lovely
2	zu dieser Jahreszeit	B	to their great surprise
3	bei so schönem Wetter	C	very carefully
4	frühmorgens	D	now and then
5	zu ihrem großen Erstaunen	E	in March
6	sehr sorgfältig	F	every day
7	dann und wann	G	after a short time
8	jeden Tag	H	at this time of the year
9	zwei Stunden lang	J	for two hours
10	nach kurzer Zeit	K	early in the morning

Part 5

As part 1

1 Martina nahm so schnell wie möglich ihren Tennisschläger.
2 Die Warnung bemerkten die Freunde erst zwei Minuten später.
3 Die Jugendlichen sahen mitten im See eine Insel.
4 Es wurde inzwischen dunkel.
5 Die Studenten spielen nach der Arbeit Tischtennis.
6 Den Ring fand der Hund unter der Brücke.
7 Der Polizist bemerkte plötzlich den Jungen.
8 Es ist schön bei Sonnenuntergang dort zu sitzen.
9 Die Eltern und die Großeltern kommen am Ende des Tages.
10 Alle Gäste sitzen vor einem großen Feuer.

Part 6

As part 2

1	so schnell wie möglich	A	in the middle of the lake
2	erst zwei Minuten später	B	as quickly as possible
3	mitten im See	C	after work
4	inzwischen	D	under the bridge
5	nach der Arbeit	E	at sunset
6	unter der Brücke	F	at the end of the day
7	plötzlich	G	in front of a large fire
8	bei Sonnenuntergang	H	suddenly
9	am Ende des Tages	J	only two minutes later
10	vor einem großen Feuer	K	in the meantime

Summary

So, whatever the changes in word order,
1 The main verb remains the *second idea* in the sentence.
2 the subject keeps close to it.
3 the position of the adverb may be a bit unexpected.

Look at the following ways of telling how Annita found a ring:

1 Annita *fand* heute einen Ring. (subject first)
2 Heute *fand* Annita einen Ring. (adverb first)
3 Einen Ring *fand* Annita heute. (object first)
4 Heute als sie arbeitete, fand Annita einen Ring.

In No. 4, the long group of words telling when and how (today as she was working) counts as the first idea, and the main verb follows in second place.

Exercise D

Part 1

Keeping to the pattern given above, choose from the columns to say the following sentences in four ways in German, — — — the afterthought will come in only on No. 4. Except when you move it to the front, keep the object last.

Subject	*Verb*	*Adverb* or adverbial phrase	*Object*
Niki und Ilse	bemerkte	diese Woche	den Hund
Jan	besuchen	fünf Minuten später	mein Motorrad
mein Vater	fanden	plötzlich	sein Zelt
ich	repariere	nächste Woche	das offene Fenster
wir	verkauft	am Wochenende	unsere Freunde

Extra — for No. 4 only
wenn Vati mir hilft
mitten im Wald
sobald er zurückkommt
als er eintrat
wenn wir Zeit haben

A Jan is selling his tent next week — — as soon as he comes back.
B Suddenly my father noticed the open window — — as he came in.
C I'm mending my motorbike this week — — if Dad helps me.
D We're visiting our friends this week-end — — if we have time.
E Ingrid and Niki found the dog five minutes later — — in the middle of the wood.

Part 2

Following the above pattern, make up five sets of four sentences of your own. You may use the same verbs, if you wish, and just change the other ideas a little.

2
Separable verbs

'Einsteigen! Einsteigen bitte!'

A familiar cry at German railway platforms. "All aboard" shout the Americans in similar circumstances. The English cope in a different way: "The train now standing at platform 1, etc.", or, on the tube, "Mind the doors please!", which isn't quite the same thing.

Likewise in Germany passengers are urged to leave the train with a cry of "Aussteigen! Aussteigen, bitte!"

"All out!" would be unsuitable in Britain, where it is more usually reserved for strike action. "All change!" is more likely. The German word for this is *umsteigen*, but this means to change from one train to another vehicle, a frequent direction on mountain railways, where, incidentally, the type of transport may change too.

Umsteigen! Umsteigen, bitte!

Not only do we have nothing to match these expressions, we have nothing to match the verbs either, which are called *separable*, and which need special handling. They are, however, definitely worth knowing. A little knowledge of them takes you a long way, and there are masses of them in everyday use in Germany. So, what is the trick in making good use of them?

You will notice that einsteigen, aussteigen and umsteigen have the steigen part in common, but use *ein*, *aus* and *um* to tell you whether to get in, out or to change. They are called *separable* because frequently the little part at the beginning becomes separated and goes to the end of the group of words, for example:

Also, *steigen* Sie sofort *ein*!	Well then, get aboard immediately!
Schnell, *steigen* Sie *aus*!	Get off, quickly!
Schön, wir *steigen* in Karlsbrücke *um*.	Splendid, we change at Karlsbrücke.

Here are some useful separable verbs to begin with:

zurückbringen:	to bring back, return
anfangen:	to begin
abfahren:	to depart
abholen:	to fetch
ankommen:	to arrive
mitkommen:	to accompany, come with
einladen:	to invite
aufmachen:	to open
zumachen:	to close, turn off
aufpassen:	to watch out
anrufen:	to call (on phone)
eingehen:	to go in, enter

Exercise A

Part 1

Example: Warum *kommen* Sie *mit*? Why are you coming too?

Using question words such as **wann**/*when*?, **was**/*what*?, **wie**/*how*?, **wo**/*where*, put the following in German, remembering to place the separable part at the end and using the Sie form. Helpful words are Fenster (n); Hotel (n); Tür (f).

1 Why are you inviting Wolfgang?
2 When are you arriving?
3 What are you bringing back?
4 When are you leaving?
5 How do you open the window?
6 Why are you calling Martina?
7 When do you go in?
8 Where are they opening a hotel?
9 How do you open this door?
10 When are you inviting Jan?

Part 2

Example: Das Schiff fährt von Interlaken ab. The boat leaves from Interlaken.

Choose from the letters and complete, to write in German with the help given at the end:

1 The train arrives at midday.
2 When is Gabriele bringing the book back?
3 He is beginning a new life.
4 My aunt is inviting us for the holidays.
5 Who is fetching the children from the station?
6 Christina is 'phoning her friend.
7 Dieter is inviting his friends to a birthday party.
8 The bus leaves at eleven o'clock.
9 Watch out! The dog is coming with us.
10 My brother is starting work.

A Mein Bruder —— mit der Arbeit . . .
B Meine Tante —— uns für die Ferien . . .
C Wer —— die Kinder vom Bahnhof . . . ?
D Dieter —— seine Freunde zur Geburtstagfeier . . .
E Christina —— ihren Freund . . .
F Der Zug —— um Mittag . . .
G Paß . . . ! Der Hund —— . . .
H Er —— ein neues Leben . . .
J Der Bus —— um elf Uhr . . .
K Wann —— Gabriele das Buch . . . ?

abfährt, abholt, anfängt, ankommt, anruft, einlädt, mitkommt, zurückbringt

Once you've got the hang of these separable parts, you can make a little knowledge of verbs go a long way. Here are some examples with *sehen*, where, as you can see, a changed separable part offers you a variety of meanings.

ansehen: to look at
aufsehen: to look up
aussehen: to seem, appear
einsehen: to examine, go through

Exercise B

Example: Maya *sieht* viel älter *aus*. Maya looks a lot older.

Using *sieht* and the appropriate separable part, complete the letters to say in German:

1 Grannie looks well
2 The policeman is examining the files.
3 My friend looks ill.
4 The teacher is looking at the picture.
5 Suddenly the cat looks up.

A Mein Freund ——— schlecht . . .
B Der Polizist ——— die Akten . . .
C Oma ——— gut . . .
D Plötzlich ——— die Katze . . .
E Der Lehrer ——— das Bild . . .

Try mix 'n' matching with machen. It's amazing how many different things can be said with just that one verb, simply by changing the separable part.

Mach' doch die Augen auf! Keep your eyes open!

Exercise C

Using:

	abmachen:	to arrange, settle
	anmachen:	to switch on (light), fasten, tie up, dress (salad)
	aufmachen:	to open, undo, answer (door)
	ausmachen:	to turn off (light), put out (fire), matter
	haltmachen:	to stop
	zumachen:	to shut

choose from the letters and complete, to say in German:

1 Why is he turning off the light?
2 Answer the door please.
3 The bus stops in front of the door.
4 Please switch on the light.
5 He is shutting the window.
6 It is not raining, I'll shut my umbrella.
7 The boys are tying up the boat securely.
8 That doesn't matter.
9 Now put the dressing on the lettuce.
10 Please speak up.
11 So, keep your eyes open.
12 Are you opening the red wine?
13 In the evening the ramblers light a fire.
14 Are you putting out the fire?

A Abends —— die Wanderer ein Feuer . . .
B Jetzt —— den Salat . . .
C —— Sie den Rotwein . . . ?
D —— Sie die Tür . . . , bitte.
E Bitte —— Sie den Mund . . .
F Bitte —— Sie das Licht . . .
G Also —— Sie die Augen . . .
H Die Jungen —— das Boot fest . . .
J Der Autobus —— vor die Tür . . .
K —— du das Feuer . . . ?
L Das —— nichts . . .
M Es regnet nicht; ich —— meinen Schirm . . .
N Warum —— er das Licht... ?
O Er —— das Fenster . . .

The separable parts don't always stay separate, but part at times, and then come together again.

Example:

Maya lädt ihre Freunde ein.	May is inviting her friends.
Wann wird sie sie einladen?	When is she going to invite them?

Exercise D

Example: Wieviel Geld geben wir aus?
Wir müssen DM 100 ausgeben.

Following the pattern, complete the second line of each pair below.

1 Fahren wir weiter?
Ja, wir müssen . . . ——.
2 Nehmen Sie einen Schirm mit?
Ja, ich werde meinen Schirm . . . ——.
3 Steigen wir in Bernstein aus?
Ja, wir müssen in Bernstein . . . ——.
4 Rufen Sie zuerst den Hausmeister an.
Nein, ich kann ihn später . . . ——.
5 Holen Sie die Kinder ab?
Nein, heute will ich die Kinder nicht . . . ——.
6 Wann kommen die Gäste an?
Sie sollten um neun Uhr . . . ——.
7 Laden Sie die Nachbarn ein?
Ja, ich möchte sie . . . ——.
8 Wo fangen Sie an?
Ich möchte hier . . . ——.
9 Wann kommen unsere Freunde zurück?
Sie wollen spät abends . . . ——.
10 Der Fahrer sagt „Steigen Sie ein“ .
Also, wir müssen . . . ——.

3
Conjunctions

Conjunctions suggest joining, and that is just what these conjunctions do: they join together sentences to make them into longer ones.

The simplest ones to use are

und:	and	denn:	for, as, because
aber:	but	oder:	or

sondern: but (after a negative)

because they link together sentences without changing them, rather like making a bracelet by linking given pieces.

Exercise A

Join the sentences given in A—U on the following page to put the following in German:

1 He didn't come as it was raining.
2 Next week is my birthday and we're inviting my friends.
3 She won't pass her exam because she is not working.
4 On Christmas Eve we sing carols and take a lantern with us.
5 During the holidays we dance or we play tennis.
6 She has a letter in her hand and looks very happy.
7 I haven't time because the bus is just coming.
8 He works in the restaurant or he helps in the bar.
9 They didn't write but they 'phoned me.
10 I'm going to bed early because tomorrow I have a long journey.

A Ich habe keine Zeit
B Während der Ferien tanzen wir
C Er arbeitet im Restaurant
D Ich gehe früh ins Bett
E Er kam nicht
F Sie schrieben nicht
G Sie wird nie ihre Prüfung bestehen
H Nächste Woche habe ich Geburtstag
J Sie hat einen Brief in der Hand
K Am Heiligen Abend singen wir Weihnachtslieder

L sie arbeitet nicht.
M morgen habe ich eine lange Reise vor.
N wir laden meine Freunde ein.
O sie sieht sehr froh aus.
P wir nehmen eine Laterne mit.
Q er hilft in der Bar aus.
R der Autobus kommt gerade an.
S sie haben mich angerufen.
T es regnete.
U wir spielen Tennis.

So, the simplest way to make longer sentences in German is to use these conjunctions to join together shorter ones.

Exercise B

Join the letters to the numbers to form sensible sentences:

1 Die Frau ging in die Bäckerei (und)
2 Morgen fahren wir nach Italien (aber)
3 Heute nachmittag schwimmen wir (oder)
4 Die zehn Mark kann ich dir nicht geben (denn)
5 Der arme Mann ist nicht nur krank (sondern)
6 Unsere Freunde wollen nicht kommen (denn)
7 Mach' schnell (denn)
8 Die Familie fährt nicht nach Köln (sondern)
9 Es regnet (und)
10 Die Geschichte war sehr lang (aber)

A er ist auch sehr alt.
B sie bleibt zu Hause.
C wir bleiben nur eine Woche in Mailand.
D sie haben nächste Woche ihre Prüfungen.
E wir sind schon spät.
F sie kaufte ein Brot.
G ich habe keinen Schirm.
H sie war gar nicht langweilig.
J wir spielen Tennis.
K ich habe im Moment kein Geld.

All other conjunctions affect the order of the words they join. *They send the verb to the end of the group.* Note that a comma is needed before the conjunction.

Der Alleswisser

Exercise C The know-all . . . Er weiß alles . . .

Example: der Fluß ist gefährlich.
Der Alleswisser: Ich weiß, daß der Fluß gefährlich ist.

Following the example, supply the second line in the following:

1 Der Strom ist stark.
Ich weiß, daß . . .
2 Das Wasser ist kalt.
Ich weiß, . . .
3 Es gibt Schnee.
. . .
4 Der Berg ist hoch.
5 Der Weg ist steil.
6 Das Gepäck ist schwer.
7 Das Eis ist gefährlich.
8 Die Straße ist glatt.
9 Der See ist tief.
10 Der Wind ist kalt.

Exercise D I don't believe . . . Ich glaube nicht . . .

Example: Ich glaube nicht, daß Claudia dumm ist.

In a similar way express doubts about the following:

1 Max will mitkommen.
Ich glaube nicht, daß Max mitkommen ——.
2 Es wird regnen.
Ich glaube nicht, daß —— —— ——.
3 Bernard möchte Pilot werden.
Ich glaube nicht, —— —— —— —— ——.
4 Björn arbeitet die ganze Zeit.
5 Nummer 5 wird der Gewinner.
6 Gaby macht ihr Kleid selbst.
7 Es gibt Fische in diesem Fluß.
8 Dieter kauft ein Auto.
9 Claudia liebt Wolfgang.
10 Sie hat kein Geld.

Exercise E Was die Wahrsagerin sieht

Part 1

Martina goes to a fortune-teller. Repeat the second part of what she is told. For example:

Du wirst eine Reise ins Ausland machen.
Ich sehe, daß du eine Reise ins Ausland machen wirst.

1 Das Land ist sehr warm und sonnig. Ich sehe, daß . . . . . .
2 Du wirst einen fremden Mann kennenlernen. Ich sehe, daß du . . . . . .
3 Dieser Fremde hat dunkles Haar. Ich sehe, daß . . . . . .
4 Er ist ein gut aussehender Mann. Ich sehe, ...
5 Er hat viel Geld. Ich . . . . . , ...
6 Er ist in dich verliebt.
7 Du wirst ihn aber nicht heiraten.
8 Zu Hause wartet ein anderer Mann auf dich.
9 Du wirst dein Glück mit ihm finden.
10 Eines Tages wirst du viel Geld gewinnen.

Part 2

Do likewise for Dieter, who also consults the fortune-teller.

1 Du bist sportlich. Ich sehe, daß . . . . . .
2 Du wirst vielleicht ein internationaler Sportler werden.
3 Du wirst ein blondes Mädchen kennenlernen.

4 Das Mädchen ist Ausländerin.
5 Sie kommt aus einem nordischen Land.
6 Du liebst die weite Welt.
7 Du wirst viele Reisen machen.
8 Du wirst im Ausland viel Geld verdienen.
9 Du wirst viele Freunde haben.
10 Einer von diesen Freunden spielt in deinem Leben eine große Rolle.

weil (because) is another popular joining word which sends the verb to the end.

Exercise F

Below are listed the reasons Claudia does not want to go out with Wolfgang. Using *weil*, put them in her own words. For example:
Ich gehe nicht gern mit Wolfgang, weil er nur über Fußball spricht.

1 Er versteht mich nicht.
Ich gehe nicht gern mit ihm, weil er mich —— ——.
2 Er sieht nicht gut aus.
Ich gehe —— —— ——, weil er —— —— aus——.
3 Er ist langweilig.
4 Ich mag ihn nicht.
5 Er will mich immer küssen.
6 Ich mag seine Freunde nicht.
7 Er färbt sein Haar.
8 Er trägt nie eine Krawatte.
9 Er interessiert sich nur für Sport.
10 Er will immer früh nach Hause gehen.

Exercise G

Björn is hard to please. There is something wrong with each of the girls he knows. Express his objections. For example:

He doesn't like Susanne because she is boring.
Susanne mag er nicht, weil sie langweilig ist.

1 Cornelia ist dumm.
Cornelia mag er nicht, weil sie —— ——.
2 Gaby ist unsportlich.
Er mag Gaby nicht, weil sie —— ——.
3 Sabine hat keinen Humor.
Sabine —— —— nicht, weil —— —— ——.
4 Ulrike mag nur klassische Musik.
Er —— —— ——, weil —— —— —— —— ——.
5 Anne flirtet immer mit anderen Jungen.
Anne —— —— ——, weil —— immer mit —— —— ——.

6 Martina tanzt nicht gern.
Martina —— —— ——, weil —— —— —— ——.
7 Regina muß immer um 10 Uhr zu Hause sein.
Er ——Regina ——, weil —— immer —— —— —— zu —— sein ——.
8 Lisa liebt nur Paul McCartney.
Lisa —— —— ——, weil —— nur —— —— ——.
9 Renate ist zu stark geschminkt.
Er —— —— ——, weil —— zu —— —— ——.
10 Alexandra denkt immer nur an Filmstars.
Er —— —— ——, weil sie —— —— —— —— ——.

Exercise H Gossip. Pass on the news. Geschwätz. Erzähle es weiter.

Use *weil* to combine the information given. For example:

Die Polizei sucht ihn. Er war auch in der Bar.
News passed on: Die Polizei sucht ihn, weil er auch in der Bar war.

1 Stefanie ist sehr froh. Sie hat einen Brief von Luigi.
2 Wir müssen Wein kaufen. Heute abend haben wir Besuch.
3 Ich will Blumen kaufen. Meine Mutter hat Geburtstag.
4 Claudia kauft das Kleid. Es ist sehr flott.
5 Mein Vater ist sehr böse. Karl hat das Auto genommen.
6 Mutti ist sehr traurig. Oma ist schwer krank.
7 Katrin bleibt zu Hause. Sie erwartet ein Kind.
8 Kurt spielt für Waldheim F.V. Peter hat die Grippe.
9 Trudy will noch nicht heiraten. Sie ist zu jung.
10 Dieter und Ingrid gehen auseinander. Sie ist in Peter verliebt.

wenn (if, when) is another useful word which sends the verb to the end of the group it joins on.

Exercise J

Using *wenn* to link them, combine the following pairs of sentences.

For example: Komm mit! Du hast Lust? joined to make: Komm mit, wenn du Lust hast.

1	Hilf mir!	Du hast Zeit.
2	Wir essen sofort.	Sie haben Hunger.
3	Wir warten nicht.	Sie haben es eilig.
4	Ich möchte baden.	Ist das Wasser kalt?
5	Wir wollen reiten.	Kann man Pferde mieten?
6	Wir hören Radio.	Wir haben nichts zu tun.
7	Das Kind möchte mitkommen .	Ist es nicht zu weit?
8	Sie wollen einen Ausflug machen.	Bleibt das Wetter schön?
9	Ihr könnt ein Zelt mitnehmen.	Ihr wollt dort übernachten.
10	Du kannst bezahlen.	Hast du Geld?

4
More joining words

Question words as conjunctions

Words used for asking questions may also be used as conjunctions. They too send the verb to the end of the group.

Was hast du da?
Sag' mir, was du da hast.

Exercise A Der Inspektor fragt

The inspector is asking questions. The boy is slow to answer, so the inspector repeats the question, starting with 'Tell me . . .'
Example: Wo warst du?
Sag' mir, wo du warst.

Following the pattern, supply the second line statement.

1 Was hast du gesehen?
Sag' mir, was du —— ——.
2 Wer war dieser Mann?
Sag' ——, wer —— —— ——.
3 Was für einen Hund hatte er?
4 Wie lange blieb er da?
5 Wie war er?
6 Wie alt war er?
7 Wie war er gekleidet?
8 Warum hat er mit dir gesprochen?
9 Warum ging er weg?
10 Wohin ging er endlich?

Exercise B

Claudia is on the 'phone. At the other end Peter is asking questions, which she in turn shouts to her friends. Write what Claudia calls out, starting each sentence with 'Er will wissen, . . .'

Example: Peter's question: Wo ist Petra?
Claudia: Er will wissen, wo Petra ist.

Here are Peter's questions:

1 Wo ist Dieter?
2 Warum ist Kurt nicht dabei?
3 Wann kauft er sein Motorrad?
4 Von wem kauft er es?
5 Was tut Sabine?
6 Wie heißt ihre Freundin?
7 Wem gehört die Kassette?
8 Wieviel kostet das Video?
9 Wer hat das Video mitgebracht?
10 Warum gibt es soviel Lärm?

ob: whether

Sometimes in English we say 'if' instead of 'whether', but in German *ob* is the word to use if 'if' means 'whether'. It too sends the verb to the end of the group.

Exercise C Cornelia die Chaotin Scatty Cornelia

Cornelia is in one big flap. Distracted, she replies constantly 'I don't know if . . . . . .'

For example: Kommt Regina heute?
Ich weiß nicht, ob Regina heute kommt.

Give similar responses for the following:

1 Geht die Uhr richtig?
Ich weiß nicht, ob . . .
2 Wird es morgen regnen?
3 Fährt Dieter nach München?
4 Kommen die Eltern Montag oder Dienstag?
5 Haben wir schon Brot?
6 Hat Herr Braun seinen Hund gefunden?
7 Gab der Mann keine Antwort?
8 Ist er Engländer oder Deutscher?
9 Spricht sie Englisch oder Französisch?
10 Sollen wir tanzen oder schwimmen gehen?

obwohl: although

is a much-used word which likewise sends the verb to the end of the group.

Exercise D

Using *obwohl* and *moving the verb suitably*, choose from the help given afterwards to say in German:

1 The boy went to school although he had a bad cold.
2 Gisela gave her mother a big bunch of flowers although they were dear.
3 The youth group went on a long walk although it rained all day.
4 The baker sold us bread although the shop was shut.
5 We swam in the lake although the water was still very cold.
6 The prince lived very simply although he had a lot of money.
7 The guest drank the tea although it was already cold.
8 The plane was half an hour late although the weather was good.
9 The cinema was half empty although the film was good.
10 The schoolchildren hiked over the mountains although the snow was deep.

A Die Jugendgruppe machte eine lange Wanderung.
B Wir nahmen ein Bad im See.
C Das Kino war halb leer.
D Der Schüler ging in die Schule.
E Die Schüler wanderten über die Berge.
F Der Flugzeug hatte eine halbe Stunde Verspätung.
G Gisela schenkte ihrer Mutter einen großen Blumenstrauß.
H Der Gast trank den Tee.
J Der Prinz lebte sehr einfach.
K Der Bäcker verkaufte uns Brot.

L Der Laden war geschlossen.
M Der Schnee war sehr tief.
N Das Wetter war gut.
O Er hatte viel Geld.
P Es regnete den ganzen Tag.
Q Das Wasser war noch sehr kalt.
R Der Film war gut.
S Sie waren teuer.
T Er war schon kalt.
U Er hatte eine starke Erkältung.

Exercise E Ich bin fremd hier

Andrew from Scotland is visiting his penfriend in Hamburg. While he is waiting for Kurt who is in a shop, passers-by ask him for information. Complete Andrew's replies.

1 *Passant* Seit wann ist der 'Alsterpavillon' geschlossen?
Andrew Ich bin Ausländer und kann Ihnen nicht sagen, wann ____ ____ ____ ____.

2 *Passant* Um wieviel Uhr fährt die Untergrundbahn nach St. Pauli?

	Andrew	Ich weiß nicht, wann —— —— —— —— ——.
3	*Passant*	Wie kommt man zum Rathaus?
	Andrew	Ich bin fremd hier in Hamburg und weiß leider nicht, wie —— —— —— ——.
4	Passant	Wo befindet sich die Oper?
	Andrew	Es tut mir leid, aber ich weiß nicht, wo sie sich ——.
5	*Passant*	In welcher Richtung liegt Blankenese?
	Andrew	Ich weiß nicht genau, wo —— ——.
6	*Passant*	Wie kommt man zum Hafen?
	Andrew	Ich kenne Hamburg nicht und weiß nicht, wie —— —— —— ——.
7	*Passant*	Wann kommt das Schiff in Finkenwerder an?
	Andrew	Ich weiß leider nicht, wann —— —— —— —— .. ——.
8	*Passant*	Wieviel kostet ein Rundflug über Hamburg?
	Andrew	Ich bin hier zu Besuch aus Schottland und kann Ihnen nicht sagen, wieviel —— —— —— —— ——.
9	*Passant*	Wie oft fahren die Busse an die Ostsee?
	Andrew	Es tut mir leid, aber ich weiß nicht, wie oft —— —— —— —— —— ——.
10	*Passant*	Wo ist die nächste Bus-Haltestelle?
	Andrew	Ich kann Ihnen leider nicht sagen, —— —— —— ——.
11	*Passant*	Wo ist die nächste Anlegestelle fur Boote?
	Andrew	Ich kann Ihnen leider nicht sagen, —— —— —— —— —— —— ——.
12	*Passant*	Wohin führt diese Treppe?
	Andrew	Ich bin fremd hier und kenne Hamburg nicht. Ich weiß auch nicht, —— —— —— ——.
13	*Passant*	Was ist das da drüben?
	Andrew	Ich bedaure, aber ich weiß nicht, —— —— —— —— ——.
14	*Passant*	Wie heißt diese Kirche?
	Andrew	Ich kann Ihnen leider nicht sagen, denn ich weiß nicht, —— —— —— ——.
15	*Passant*	Wo befindet sich der Elbtunnel?
	Andrew	Ich wohne nicht in Hamburg und weiß nicht, wo sich —— —— ——.
16	*Passant*	Steht das große Bismarck-Denkmal am Hafen?
	Andrew	Ja, ich glaube, daß —— —— —— —— —— —— ——.
17	*Passant*	Entschuldigen Sie bitte, können Sie mir sagen, wie ich am schnellsten zum Flugplatz komme?
	Andrew	Da ich aus dem Ausland —— und Hamburg nicht ——, kann ich Ihnen leider nicht sagen, wie Sie —— —— —— —— ——.

5
More ways of joining

Joining words do not have to be links in the middle. Frequently they act as starters.
Apart from the famous five who leave things alone,

We leave things as they are

Most conjunctions send the verb to the end of the groups they introduce. When the joining word starts the sentence, its verb is followed by a comma, and *immediately afterwards* comes the *main verb* of the sentence. So the pattern is:
Link word . . . its verb, *main verb* . . . rest of the sentence.

That bit in the middle is worth remembering:
. . . . mini verb, *maxi* verb . . .

As you will see, the *main verb* is in its rightful place as *second idea*, because the part before is lumped together as *one idea*.

Exercise A

Rearrange the following sentences to start with the word underlined.

1 Ich weiß nicht, <u>wo</u> er ist.
2 Wir kommen mit, <u>wenn</u> wir Zeit genug haben.
3 Petra spielt nicht, <u>weil</u> sie müde ist.
4 Jeden Tag fragt sie, <u>warum</u> du nicht schreibst.

5 Hör Radio, während du arbeitest.
6 Rufen Sie mich an, wenn Sie von ihnen hören.
7 Ich habe keine Ahnung, wie das Hotel heißt.
8 Mach' die Fenster zu, bevor du ausgehst.
9 Er hört Popmusik, sobald er aufsteht.
10 Wir wissen nicht, ob es teuer ist.

Obwohl es einfach aussieht, ist es ganz kompliziert.
Although it looks simple, it is quite complicated.

Exercise B

Using that pattern and starting with Obwohl, put the following into German, choosing from helpful sentences given afterwards.

1 Although Kurt was very lazy, he had grade B in maths.
2 Although we hadn't much time, we caught the train.
3 Although the wood was very thick, they found the way.
4 Although she is very small, she is very strong.
5 Although the garden is small, it is very beautiful.
6 Although the man saw the danger, he said nothing.

7 Although the snow was deep, they went off.
8 Although the room was empty, the girl had a strange feeling.
9 Although Klaus waited a long time, Sonia didn't appear.
10 Although Claudia was a good rider, she fell off her horse.

A Sie ist klein.
B Claudia war eine gute Reiterin.
C Der Garten ist klein.
D Der Wald war sehr dicht.
E Der Schnee war tief.
F Klaus wartete stundenlang.
G Wir hatten nicht viel Zeit.
H Der Mann bemerkete die Gefahr.
J Das Zimmer war leer.
K Kurt war sehr faul.
L Wir erreichten den Zug.
M Sie ist kräftig.
N Er sagte nichts.
O Er hatte in Mathematik eine 2.
P Er ist sehr hübsch.
Q Sie fanden den Weg.
R Das Mädchen hatte ein komisches Gefühl.
S Sie fiel vom Pferd.
T Sonia erschien nicht.
U Sie gingen fort.

Weil er einsam lebte, kaufte er einen Papagei.

Exercise C

Beginning with Weil and choosing from the help given afterwards, put the following in German.

1 Because the weather is bad, we're staying at home.
2 Because I'm lazy, I'm doing nothing.

3 Because she's got a job, she has pocket money.
4 Because it's a long way, we're starting early.
5 Because they are still working, they are coming later.
6 Because the weather was fine, they went out.
7 Because she got home late, she didn't cook an evening meal.
8 Because she was alone in the house, she was frightened.
9 Because he has to study, he can't come.
10 Because my bike is broken, I've got to walk.

A Mein Fahrrad ist kaputt.
B Der Weg ist weit.
C Er muß studieren.
D Das Wetter ist schlecht.
E Sie arbeiten noch.
F Das Wetter war schön.
G Sie war allein im Hause.
H Sie kehrte spät zurück.
J Ich bin faul.
K Sie hat einen Job.

L Er kann nicht mitkommen.
M Sie kommen später.
N Sie hat Taschengeld.
O Sie gingen aus.
P Ich tue gar nichts.
Q Wir gehen früh los.
R Wir bleiben zu Hause.
S Sie hatte Angst.
T Ich muß zu Fuß gehen.
U Sie kochte kein Abendessen.

Exercise D sobald: as soon as

Beginning with *sobald*, combine the pairs of sentences. For example:

Der Hund bemerkte den Postboten
Er bellte.

Sobald der Hund den Postboten bemerkte, bellte er.

1	Der Polizist erschien.	Der Mann verschwand.
2	Das Telefon klingelte.	Er eilte ins Haus.
3	Die Straße war frei.	Wir fuhren weiter.
4	Die Schlange biß den Mann.	Er wurde blaß.
5	Sie bemerkte die Gefahr.	Sie rief Max an.
6	Wir hörten den Schrei.	Wir hatten Angst.
7	Wir nahmen Platz.	Der Film begann.
8	Das Mädchen rief.	Der Junge rannte zu ihr.
9	Die Katze sah den Hund.	Sie lief weg.
10	Meine Mutter bekam die Adresse.	Sie schrieb an das Hotel.

Exercise E

Choose to complete correctly. For example:

Mutti will wissen,(*ob/sondern/oder*) du deine Hausaufgaben gemacht hast.

Mutti will wissen, *ob* du deine Hausaufgaben gemacht hast.

1 Die Kinder fanden den Tag langweilig, (*denn/weil/sondern*) sie nichts zu tun hatten.
2 Wir suchten unsere Freunde, (*da/obgleich/aber*) wir fanden sie nicht.
3 Die Mädchen sangen,(*während/und/weil*) der Junge spielte die Gitarre.
4 Sie sind sehr froh, (*denn/weil/und*) sie das Spiel gewonnen haben.
5 Peter war so erstaunt, (*aber/daß/und*) er Klaus sofort anrief.
6 Meine Eltern fragen,(*aber/wo/und*) wir den Abend verbracht haben.
7 Max vergißt, (*aber/denn/was*) ich ihm gesagt habe.
8 Wir haben angefangen, (*und/wo/während*) wir arbeiten bis Mittag.
9 Die Landschaft war schön, (*wo/sobald/aber*) das Wetter war furchtbar.
10 Sonja wünschte ihm Glück, (*sondern/bevor/denn*) er seine Prüfung machte.

6
Um . . . zu . . .

Where *to* expresses intent and has the sense of *in order to*, even if those words are not actually used, the Germans use

um . . . . zu

Reporter: Warum warten Sie?
Dame: Um den Pelzmantel zu kaufen.

Exercise A

In which of the following sentences would um . . . . . . zu . . . . be used in German?

1 I'm coming to see you.
2 Tell him to be quick.
3 He's going to read it now.
4 He's going now to catch the train.
5 We're hoping to see them.
6 I'm phoning to save time.
7 You can do this to help them.
8 We want to play this afternoon.
9 They advise the climber to stay put.
10 They are taking a stretcher to bring him down.

Exercise B Wohin gehst du?

Replacing * by *um* or *zu*, match the letters with the numbers:

Part 1

1	Ich gehe ins Badezimmer,	A	* Briefmarken * kaufen.
2	Ich gehe ins Speisezimmer,	B	* * schwimmen.
3	Ich gehe in den Garten,	C	* * trainieren.
4	Ich gehe in die Bank,	D	* * essen.
5	Ich gehe in die Badeanstalt,	E	* Einkäufe * machen.
6	Ich gehe auf den Sportplatz,	F	* mich * waschen.
7	Ich gehe zur Eisbahn,	G	* * klettern.
8	Ich gehe zum Supermarkt,	H	* Rosen * pflanzen.
9	Ich gehe in die Berge,	J	* Geld * wechseln.
10	Ich gehe zum Postamt,	K	* Schlittschuh * laufen.

Part 2

1	Ich gehe in den Weinkeller,	A	* * studieren.
2	Ich gehe in die Oper,	B	* den Film * sehen.
3	Ich gehe ins Kino,	C	* mit dem Schiff * fahren.
4	Ich gehe auf die Universität,	D	* Tennis * spielen.
5	Ich gehe ins Ausland,	E	* die Musik * genießen.
6	Ich gehe zum Hafen,	F	* eine Flasche * holen.
7	Ich gehe ins Theater,	G	* fremde Länder * besuchen.
8	Ich gehe in die Kirche,	H	* * beten.
9	Ich gehe in den Golfclub,	J	* die Theaterstücke * genießen.
10	Ich gehe zum Tennisplatz,	K	* Golf * spielen.

Part 3

1	Ich gehe zum Zahnarzt,	A	* im Freien * essen.
2	Ich gehe zum Bauernhof,	B	* das Segeln * erlernen.
3	Ich gehe in den Schweinestall,	C	* die Kühe * melken.
4	Ich gehe zum Frisör,	D	* meine Schuhe besohlen * lassen.
5	Ich gehe zur Schneiderin,	E	* die Schweine * füttern.
6	Ich gehe in die Segelschule,	F	* mir ein Kleid machen * lassen.
7	Ich gehe zum Schuster,	G	* mir einen Zahn ziehen * lassen.
8	Ich gehe zum Grillplatz,	H	* mir die Haare schneiden * lassen.
9	Ich gehe zum Bäcker,	J	* Kuchen * kaufen.
10	Ich gehe in die Telefonzelle,	K	* * telefonieren.

Exercise C

Replacing * by *um* or *zu*, match the letters with the numbers appropriately.

Part 1

1	Wir brauchen Geld,	A	* Fußball * spielen
2	Wir brauchen einen Korb,	B	* das Wort * finden.
3	Wir brauchen ein Wörterbuch,	C	* die Forelle aus * fischen.
4	Wir brauchen ein Netz,	D	* Briefmarken * kaufen.
5	Wir brauchen einen Ball,	E	* die Äpfel * tragen.

Part 2

1	Wir kaufen Wein,	A	* ein Omelett zu machen.
2	Wir kaufen Eier,	B	* in den Wäldern * wandern.
3	Wir kaufen Spielkarten,	C	* den Wetterbericht * lesen.
4	Wir kaufen Schuhe,	D	* Bridge * spielen.
5	Wir kaufen eine Zeitung,	E	* deinen Geburtstag zu feiern.

Exercise D What shall we do today?

The friends are discussing how they shall spend their day off. Complete, using *um* and *zu* to replace *.

Claudia Machen wir einen Ausflug zum Blausee.
Sonia In einem Tag haben wir nicht Zeit genug * —— —— —— —— * ——.
Kurt Also, machen wir eine Wanderung in die Berge.
Ulrike In den Bergen ist es zu neblig * —— —— * ——.
Jörg Frieda und Ernst verbringen den Tag am Strand.
Karin Bei diesem Wetter! Es ist zu kalt * —— —— —— —— * ——.
Monika Na gut! Dann spielen wir Tennis!
Martina * —— * —— brauchen wir Schläger, und ich habe keinen.
Stefanie Warum bleiben wir nicht zu Hause? Nicole kann das Essen kochen.
Nicole * —— —— * —— brauchen wir Gemüse, und wir haben keine, und mein Freund aus England ist nicht hergekommen * —— —— * ——.
David Wer kann einen guten Vorschlag machen?
Fritz Ich bin zu mude * —— —— —— * ——.
Hans Gehen wir ins Kino!
Peter Wir haben zu wenig Geld * —— —— * ——.
Cornelia Wir können den Bus nach Spiez nehmen.
Jan * —— —— —— —— * —— müssen wir sofort losgehen. Also, wer kommt mit?
Monika Wollen wir zuerst einen Kaffee trinken?
Jörg Nein, wir haben nicht genug Zeit * —— —— * ——.

Exercise E Warum?

Example: Warum rennt er? Um den Bus noch zu erreichen.

Replacing * by *um* or *zu*, match the letters with the numbers to form sensible questions and answers.

1 Warum nimmst du dein Schwimmzeug mit?
2 Warum kauft Frieda ein Spielzeug?
3 Warum telefoniert Ulrike mit dem Hotel?
4 Warum gehst du in den Buchladen?
5 Warum arbeiten die Automechaniker noch so spät?
6 Warum gehst du in die Bäckerei?
7 Warum nimmt Jan seine Skier mit?
8 Warum gehen sie zum Flughafen?
9 Warum schreibt Jörg an seinen Vater?
10 Warum kommt Heinrich mit uns?

A * in den Bergen Ski * laufen.
B * mir ein Brot * kaufen.
C * Geld * erbitten.
D * uns den Weg * zeigen.
E * es ihrer kleinen Schwester * schicken.
F * mir ein Lexikon * kaufen.
G * ein Zimmer * reservieren.
H * im See * schwimmen.
J * einen Freund aus Spanien ab*holen.
K * noch heute abend den Wagen * reparieren.

Often the *um* ..... *zu* ... construction is used after the word *zu* meaning *too*, for example, wir sind zu viele, um in einem Wagen zu sitzen.

Exercise F

Replacing the * by *um* or *zu*, choose from the letters to say in German:

1 It's too far to walk.
2 You're too young to see this film.
3 It's too hot to lie in the sun.
4 You're too old to play with dolls.
5 It's too misty to see the mountains.
6 He's too mean to pay for the drinks.
7 The air is too still to go sailing.
8 He is too drunk to drive the car.
9 They are too dear to buy.
10 The weather is too bad to go camping.

A Das Wetter ist * schlecht, * Camping * gehen.
B Du bist * alt, * mit Puppen * spielen.
C Du bist noch * jung, * diesen Film * sehen.
D Er ist * betrunken, * den Wagen * fahren.
E Es ist * heiß, * in der Sonne * liegen.
F Er ist * geizig * die Getränke * bezahlen.
G Es ist * weit, * zu Fuß * gehen.
H Sie sind * teuer, * sie * kaufen.
J Die Luft ist * still, * segeln * gehen.
K Es ist * neblig, * die Berge * sehen.

Of course, instead of being too hot to sit on the beach, it may not be hot enough, *nicht warm genug*, in which case the same *um* . . . . *zu* . . . . construction follows.

Das Foto ist nicht scharf genug, um die Personen zu erkennen.

Exercise G

Replacing the * by *nicht*, *genug*, *um* or *zu*, choose from the letters to say the following in German:

1 He is not fast enough to break the record.
2 She is not strong enough to carry the luggage.
3 I'm not tall enough to reach the fruit.
4 There's not enough snow to go skiing.
5 He is not tall enough to be a policeman.
6 The man hasn't enough money to pay for the ticket.
7 The football team was not strong enough to beat the opposition.
8 The air is not warm enough to sit in the sun.
9 The water is not warm enough to bathe in the sea.

A Die Fußballmannschaft ist * stark *, * den Gegner * schlagen.
B Er ist * gross *, * Polizist * werden.
C Er ist * schnell *, * den Rekord * brechen.
D Der Mann hat * * Geld, * die Fahrkarte * bezahlen.
E Sie ist * stark *, * das Gepäck * tragen
F Es liegt * * Schnee, * Ski * laufen.
G Ich bin * groß * , * das Obst * erreichen.
H Die Luft ist * warm * , * in der Sonne * sitzen.
J Das Wasser ist * warm * , * im Meer * baden.

The words *um* and *zu* are not always separated; there are occasions when they come together, but these are relatively rare.

Where separable verbs combine and *zu* is used, it comes between the two parts,

Warum kaufen Sie so viel ein?
Es lohnt sich nicht, in kleinen Mengen einzukaufen.

Exercise H

Complete with a separable verb and 'zu'. The first one has been done for you.

1 Rufen Sie Stefanie an? Ja, ich habe versprochen, sie anzurufen.
2 Stehen Sie jetzt auf? Ja, es ist höchste Zeit ... * ——.
3 Kommen Sie mit? Nein, ich habe keine Lust ... * ——.
4 Nehmen Sie einen Regenmantel mit? Nein, es ist zu warm, um einen Regenmantel ... * ——.
5 Gehen die Großeltern aus? Nein, für sie ist es zu kalt, um ... * ——.
6 Holen Sie Ihre Freundin vom Bahnhof ab? Ja, es ist Zeit, sie ... * ——.
7 Laden wir Alexandra ein? Nein, es hat keinen Zweck, sie ... * ——.
8 Wo halten Sie an? Ich habe es vor, im Dorf ... * ——.
9 Steigen wir hier aus? Nein, wir brauchen nicht hier ... * ——.
10 Kommen Sie später zurück? Ja, ich habe versprochen, ... * ——.
11 Warum fahren Sie weiter? Der Polizist hat uns befohlen, ... * ——.
12 Warum fangen wir nicht an? Weil es keinen Zweck hat, ... * ——.
13 Bereiten Sie sich auf eine Prüfung vor? Ja, ich versuche mich, auf meine Prüfung ... * ——.
14 Gehen wir hinein? Nein, ich habe keine Lust ... * ——.
15 Fahren wir weiter oder halten wir an? Wir fahren, ohne ... * ——.
16 Sehen Sie die Mädchen wieder? Ja, ich hoffe, sie ... * ——.
17 Spielen die Musiker uns etwas vor? Ja, sie haben versprochen, uns ... * ——.
18 Machen Sie die Fenster zu? Oh, ich hatte vergessen, sie ... * ——.
19 Fangen wir jetzt an? Ja, es ist höchste Zeit ... * ——.
20 Wo steigen wir um? Wir brauchen nicht ... * ——.

7
Modal verbs

dürfen:	to be allowed to	müssen:	to have to
können:	to be able to	sollen:	to be supposed to (sense of should, would, must)
mögen:	to like	wollen:	to want to

These verbs are in popular use and if they are followed by an infinitive they send it to the end of the group of words. They modify the meaning of the verb they are used with. Like this:

I watch the programme
I am allowed to watch the programme (darf)
I can watch the programme (kann)
I would like to watch the programme (möchte)
I must watch the programme (muß)
I ought to watch the programme (soll)
I want to watch the programme (will)

Wir dürfen nicht im See fischen

The present tense of these verbs is

ich	darf	kann	mag	muß	soll	will
du	darfst	kannst	magst	mußt	sollst	willst
er/sie/es	darf	kann	mag	muß	soll	will
wir	dürfen	können	mögen	müssen	sollen	wollen
ihr	dürft	könnt	mögt	müsst	sollt	wollt
Sie	dürfen	können	mögen	müssen	sollen	wollen
sie	dürfen	können	mögen	müssen	sollen	wollen

Exercise A Warum? Warum? Warum?

To everything that Frieda says, her small sister Susanne asks 'Why?' Complete Susanne's lines.

Frieda	Ich backe einen Kuchen.
Susanne	Warum mußt du —— —— ——?
Frieda	Weil ich Mutti helfen will.
Susanne	Warum mußt du —— ——?
Frieda	Wir haben Besuch.
Susanne	Warum müssen wir —— ——?
Frieda	Gib' mir den Zucker.
Susanne	Warum muß ich dir —— —— ——?
Frieda	Oh, geh weg!
Susanne	Warum muß ich . . . ——?
Frieda	Ich muß das Kochbuch lesen.
Susanne	Warum mußt du —— —— ——?
Frieda	Pst! Ich lese das Kochbuch
Susanne	Warum mußt du —— —— ——?
Frieda	Ich darf nichts vergessen.
Susanne	Warum mußt du —— ——?
Frieda	Der Ofen muß heiß sein.
Susanne	Warum muß —— —— —— ——?
Frieda	Oh, lass' mich allein!
Susanne	Warum muß ich dich —— ——?

Ich möchte comes from the verb *mögen*, and means *I should like.*

Exercise B

Kurt is phoning Sonja, who is playing 'hard to get'. From her answers, guess what he is suggesting. For example:
Kurt: Möchtest du Tennis spielen?
Sonja: Ich kann nicht Tennis spielen, mein Schläger ist kaputt.

1 K: Möchtest du . . . . ?
S: Es ist zu windig, um Tischtennis zu spielen.
2 K: Möchtest du . . . . ?
S: Ach! Wir gehen immer spazieren.
3 K: Möchtest du . . . . ?
S: Ich habe keine Lust, Wasserski zu fahren.
4 K: Möchtest . . . . ?
S: Das Wetter ist zu stürmisch, um einen Ausflug zu machen.
5 K: . . . . ?
S: Tante Dorli besuchen? Nein!
6 K: . . . . ?
S: In die Stadt fahren? Wozu?
7 K: . . . . ?
S: Ich habe kein Geld, um einkaufen zu gehen

8 K: . . . . ?
S: Der Film ist schlecht, es hat keinen Zweck, ins Kino zu gehen.
9 K: . . . . ?
S: Nach Waldensee fahren? Es ist schon zu spät.
10 K: . . . . ?
S: Ja, vielleicht. Also, verbringen wir den Tag bei dir zu Hause.

Exercise C

Anita doubts her water-skiing ability. At every command from Jörg, her instructor, she thinks: 'I can't do it.'

Example: Jörg: Halte deine Arme gerade!
Anita: Ich kann meine Arme nicht gerade halten.

Following the pattern, complete Anita's thoughts.

Jörg	Zieh dich langsam hoch!
Anita	Ich kann nicht . . . . . .
Jörg	Drück die Knie durch!
Anita	Ich kann nicht . . . . . .
Jörg	Hebe deine Arme hoch!
Anita	Ich kann nicht . . . . . .
Jörg	Neige dich ein bißchen nach hinten!
Anita	Ich . . . .
Jörg	Halte dich aufrecht!
Anita	. . . .
Jörg	Gehe an die rechte Seite des Bootes!
Anita	. . . .
Jörg	Fahre schneller!
Anita	. . . .
Jörg	Begib dich hinter das Boot!
Anita	. . . .
Jörg	Schwinge nach links!
Anita	. . . .
Jörg	Kreuze die Wellen!
Anita	. . . .
Jörg	Mache einen kleinen Sprung!
Anita	. . . .
Jörg	Paß auf!
Anita	. . . .
Jörg	Bleib dich vom Dampfer entfernt!
Anita	. . . .

* * * * Platsch! * * * *

When things are forbidden, one may not do them: *man darf nicht . . .*

Exercise D

Here is a list of notices saying certain things are forbidden. For each

write a sentence beginning: Man darf nicht . . .
Example: Notice: Rauchen verboten.
Comment: Man darf nicht rauchen.

1 Fotografieren verboten.
2 Spielen verboten.
3 Klettern verboten.
4 Segeln verboten.
5 Das Baden im Fluß ist verboten.

Exercise E

Some signs tell you what you *can* do. For example: Trinkwasser, which indicates
Man darf das Wasser trinken.
Match the letters with the numbers and complete the modal verb. Underline the final verb.

1	Reisebüro	A	Gut, wir k—— hier essen
2	Halt!	B	Du k—— dort deine Reise buchen.
3	Restaurant	C	Wir m—— stoppen
4	Geldwechseln	D	Na gut! Wir k—— hier übernachten.
5	Hotel	E	Ich s—— Geld wechseln.

Exercise F Sollen

Choose from the letters to express the following in German.

1 You are to come at once.
2 They have to leave now.
3 What am I supposed to do?
4 Shall I go?
5 No, you should stay.
6 That should be a lesson to me.
7 You should know that.
8 He's supposed to be very rich.
9 Should he turn up, tell him what I think.
10 He was never to see his family again.

A	Das solltest du	L	sehr reich sein.
B	Was soll ich	M	weggehen?
C	Er soll	N	bloß machen?
D	Soll ich	O	sage ihm meine Meinung.
E	Du sollst	P	eine Lehre sein.
F	Nein, du sollst	Q	sofort kommen.
G	Er sollte seine Famile	R	doch wissen.
H	Sie sollen	S	jetzt abfahren.
J	Das soll mir	T	nie wiedersehen.
K	Soll er doch noch kommen	U	bleiben.

Sometimes it happens that *two verbs* are pushed to the end of the

sentence. Which wins the final place?
The modal does, as do lassen, hören and sehen.

Exercise G

Complete the following with the verbs given at the end.

1 Der arme Mann ist zu dick, um schnell —— zu ——.
2 Die Kirschen sind viel zu sauer, um sie jetzt schon —— zu ——.
3 Der Bus ist zu voll, um noch —— zu ——.
4 Der Rasen ist viel zu naß, um dort —— zu ——.
5 Das Schreiben ist nicht klar genug, um es —— zu ——.

essen; können; laufen; liegen; mitfahren; verstehen.

Exercise H

Choose from the letters to put the following into German, and complete with two of the verbs given at the end.

1 Do you know what they want to buy?
2 You know that they can't cook!
3 Can you hear their talking?
4 I should like to let the dog run.
5 We must get the doctor to come.
6 We want to hear the children's singing.
7 We must get the oil changed.
8 You can't let her go without her friends.
9 The Police should be called.
10 He would like to be able to pilot a plane.

A Ich möchte den Hund —— ——.
B Wir müssen den Arzt —— ——.
C Ohne ihre Freunde, kannst du sie nicht —— ——.
D Wir müssen das Öl —— ——.
E Weißt du was sie —— ——?
F Er möchte ein Flugzeug —— ——.
G Kannst du sie —— ——.
H Wir wollen die Kinder —— ——.
J Man soll die Polizei —— ——.
K Du weißt, daß sie nicht —— ——!

Anrufen; fliegen; gehen; hören; lassen; laufen; kaufen; kochen; kommen; können; singen; sprechen; wechseln; wollen.

8
The order of direct and indirect objects together

Sie schrieb dem jungen Mann einen Brief.

In English we might say:
She wrote the young man a letter, or
She wrote a letter to the young man.

In German there is no such choice. The order where two nouns is involved is:

First *to the young man* then *a letter*
In other words: *indirect* object then *direct* object
Or, put another way: *dative then accusative*.

Niki schenkt seiner Freundin einen Ring

Exercise A Weihnachtsgeschenke

Who is giving what to whom? Using the verb *schenkt*, fit together all the ones, twos, etc to make sentences 1–10.

Part 1

meinem Onkel — 7
meine Mutter — 9
ein Fahrrad — 1
Parfum — 9
meinem Freund — 10
unsere Nachbarn — 8
meinem Vater — 4
meine Schwester — 10
einen Stuhl — 4
meiner Schwester — 2
meine Großmutter — 4
einen Fußball — 5
ihrer Tochter — 8
mein Bruder — 2
einen Hund — 8
mein Vater — 3
ihrem Vater — 6
seinem Bruder — 5
meiner Großmutter — 9
einen Fotoapparat — 7
fünfzig Mark — 3
eine Schallplatte — 2
meine Tante — 7
meinem Bruder — 3
mein Freund — 5
mein Onkel — 1
ein Buch — 10
meine Freundin — 6
eine Krawatte — 6
meinem Vetter — 1

Part 2

Blumen — 2
der Chef — 1
ihrem Bruder — 3
seiner Freundin — 4
Oma — 5
ein Hemd — 3
meinem Vater — 1
Halbschuhe — 5
der Kellnerin — 2
ein Videospiel — 4
der Ober — 2
meinem Bruder — 5
einen Taschenrechner — 1
Max — 4
Ingrid — 3

So, where there are two *nouns* the order is *dative* before *accusative*. But if there is a pronoun and a noun, the pronoun comes first.

Remember: PRONOUN —— PRIORITY

Exercise B

Having made sure your sentences in Exercise A are correct, rewrite them, replacing the indirect object by *ihm* or *ihr*.

However, where there are *two pronouns*, *ACCUSATIVE* goes before *DATIVE*

i.e. the direct object *BEFORE* the indirect

Remember: the direct one gets there first!

Exercise C

Rewrite the sentences in Exercise B, replacing the objects given by *es*, *ihn*, or *sie*, and changing the order so that the gift comes before the recipient. e.g. Oma schenkt es ihm.

9
Miscellaneous exercises

Improved versions

Read the simple sentences and then complete the improved versions.

Exercise A Eine Karte aus dem Ferienlager

Simple sentences

Das Wasser ist sehr warm. Jeden Tag schwimmen wir im See. Erinnerst Du Dich an Peter? Er kam am Freitag mit seiner Schwester an. Sie ist erst fünfzehn Jahre alt. Sie sieht viel älter aus. Sie haben ein großes Zelt. Das Zelt hat vier Räume. Das Zelt hat auch ein grünes Vorzelt. Dort spielen wir Karten. Es ist schön im Schatten.

Improved version

Das Wasser ist so warm, daß wir jeden Tag im See —1—. Erinnerst Du Dich an Peter, der am Freitag mit seiner Schwester —2—? Obgleich sie erst fünfzehn Jahre alt —3—, —4— sie viel älter —5—. Sie —6— ein Zelt, das vier Räume —7—. Es —8— auch ein grünes Vorzelt, wo wir Karten —9—, weil es dort im Schatten so schön —10—.

Exercise B Frieda und der Fernseh-Krimi

Simple sentences

Es war dunkel. Frieda war allein im Hause. Sie war ängstlich. Sie sah sich einen Film im Fernsehen an. Es war ein 'Krimi'. Das machte sie noch ängstlicher. Dann kamen die Nachrichten. Sie berichteten auch über einen Mord. Er geschah in ihrer Wohngegend. Plötzlich war da ein Geräusch. Es kam aus der Küche. Es hörte sich an, wie Zerbrechen von Glas.

Improved version

Frieda war ängstlich, weil es dunkel und sie allein im Hause —1—. Der Film, den sie sich im Fernsehen —2—, —3— ein 'Krimi', der sie noch ängstlicher —4—. Als die Nachrichten —5—, —6— sie auch über einen Mord, der in ihrer Wohngegend —7—. Plötzlich —8— da ein Geräusch, welches aus der Küche —9— und das sich wie Zerbrechen von Glas —10—.

Exercise C Herr Willmann und sein neuer Wagen

Simple sentences

Herr Willmann ist unser Mathematiklehrer. Er hat einen neuen Wagen. Gestern fuhr er langsam von der Schule nach Hause. Der

Fahrer des nachfolgenden Wagens hupte. Er wollte überholen. Er konnte nicht. Da war zuviel Verkehr. Plötzlich fuhr er vorbei. Er fuhr gegen eine Straßenlaterne. Er war wütend. Er sprang aus seinem Wagen. Er holte sich einen Hammer aus dem Kofferraum. Er zertrümmerte sämtliche Fenster am Wagen von Herrn Willmann.

Improved version

Herr Willmann, der unser Mathematiklehrer —1—, —2— gestern mit seinem neuen Wagen langsam von der Schule nach Hause. Der Fahrer des nachfolgenden Wagens —3—, weil er ihn überholen —4—. Er —5— aber nicht, weil zuviel Verkehr da —6—. Als er plötzlich —7—, —8— er gegen eine Straßenlaterne. Er —9— so wütend, daß er aus seinem Wagen —10—. Er —11— sich einen Hammer aus dem Kofferraum und —12— sämtliche Fenster am Wagen von Herrn Willmann.

Exercise D Ferien in Italien

Simple sentences

Kurt und Günther waren in ihren Ferien in Italien. Eines Tages entschlossen sie sich, die Gegend zu erforschen. Sie machten eine Wanderung von zwei Stunden. Sie befanden sich in einem Wald. Mitten im Wald stand ein großes Haus. Das Haus war leer. Sie gingen hinein. Sie gingen in ein Schlafzimmer. Dort fanden sie einen Mann auf dem Fußboden. Er schlief fest.

Improved version

Als Kurt und Günther in ihren Ferien in Italien —1—, —2— sie —3— eines Tages, die Gegend zu —4—. Nach einer Wanderung von zwei Stunden —5— sie sich in einem Wald. Mitten im Wald —6— ein großes Haus, welches leer —7—. Sie —8— hinein und —9— im Schlafzimmer einen Mann, der auf dem Boden fest —10—.